RAPPORT

SUR LA SITUATION

ENTRE

M. FRÉDÉRIC MORIN

PRÉFET DE SAONE-ET-LOIRE

ET

M. CÉSAR PRADIER

CAPITAINE DE VAISSEAU

Général commandant les subdivisions de Saône-et-Loire et de l'Ain,

le 8 février 1871

lors de l'arrestation du général Pradier.

———— ⋅◦⋅ ————

BORDEAUX

IMPRIMERIE GÉNÉRALE D'ÉMILE CRUGY

16, RUE ET HÔTEL SAINT-SIMÉON, 16

1871

RAPPORT

En prenant possession des départements de Saône-et-Loire et de l'Ain, dont le commandement m'avait été confié par M. Gambetta, délégué du Gouvernement de la défense nationale à Tours, le 25 novembre 1870, j'étais résolu à agir avec la plus extrême prudence, l'autorité départementale étant représentée par M. Frédéric Morin, ancien professeur de philosophie au lycée de Mâcon.

Très-religieux autrefois, membre actif et militant de la Société de Saint-Vincent-de-Paul, auteur des livres les plus édifiants, entre autres la Vie de saint François d'Assises, il avait complètement abandonné ses convictions pour se lancer à pleines voiles dans le journalisme le plus hostile à tous les principes d'ordre et de religion.

Il écrivait alternativement dans *le Progrès de Lyon, la*

Gironde, le Réveil, l'Avenir national, etc., et était le principal rédacteur, sinon le fondateur, d'un journal intitulé *la Morale indépendante.*

Aussi, après le 4 septembre 1870, cette triste époque, l'une des plus néfastes de nos annales révolutionnaires, put-il se présenter, armé de toutes pièces, à la *curée,* et obtint-il facilement la préfecture de Saône-et-Loire.

On doit donc comprendre la méfiance que m'inspirait un homme dont les principes étaient aussi diamétralement opposés aux miens, et dont l'entourage déplorable n'était rien moins que rassurant. Je dois ajouter que M. Morin, depuis sa nomination à la préfecture de Mâcon, affichait hautement la prétention de réunir dans sa main les pouvoirs civils et militaires, et qu'il avait forcé mon prédécesseur au commandement des subdivisions de Saône-et-Loire et de l'Ain à se retirer devant les odieuses manifestations de la garde nationale de Mâcon suscitées par la préfecture.

M. le général de la Serre pourrait donner, à cet égard, les renseignements les plus précieux.

En l'absence du général commandant la subdivision, M. Morin institua un comité de défense, sous sa présidence, et envoya de nombreux délégués, — payés, assure-t-on, vingt-cinq francs par jour, — pour procéder à ce que ce comité jugeait être propre à s'opposer à l'invasion de l'ennemi.

L'arrivée d'un nouveau général étant annoncée depuis quelque temps par les journaux, je trouvai à la subdivision, le jour même de ma prise de possession, et venant de tous les points du département, de nombreuses réclamations au sujet de véritables actes de piraterie commis par des délégués du comité de défense, et même, — assurait-on, — par des gens qui s'étaient constitués d'eux-mêmes.

On avait coupé les routes, créé des barrages, détruit des bacs, des passerelles, et entravé la circulation de mille manières, sans aucun profit pour la défense, mais non sans apporter un trouble profond dans les intérêts privés.

Le département étant envahi par les Prussiens, je dus, conformément au décret du 14 octobre 1870 qui spécifie (art. 9) :

« Les chefs militaires des départements sont rendus *per-* » *sonnellement* responsables de l'organisation de la défense » et de la résistance à opposer à l'ennemi » ;

Je dus, dis-je, me préoccuper immédiatement de la création d'un comité militaire, et pris un arrêté, que je joins à ce rapport, et j'en informai officiellement le préfet.

On pourra juger, par la lecture du décret du 14 octobre 1870, imprimé à la suite de mon arrêté, combien mes droits étaient étendus et mes devoirs impérieux.

Je communiquai au comité militaire, dans lequel, par une pensée de conciliation, j'avais introduit deux membres de celui créé par M. Morin, toutes les réclamations qui m'étaient adressées, et, à l'unanimité, il fut résolu que les routes, bacs, passerelles, etc., etc...., seraient rétablis sous la responsabilité des maires des communes, qui devaient se tenir toujours prêts à faire exécuter les travaux commandés par le seul comité investi de pouvoirs légaux.

J'adressai le double du procès-verbal de la séance à M. le Général commandant la 8e division militaire à Lyon, et il en fut de même de tous les autres.

Le général Bressolles me répondit : « J'ai lu tous vos rap- » ports, et j'approuve toutes vos résolutions. »

Après avoir fait une tournée dans l'Ain et y avoir établi, comme délégué de l'autorité militaire, le commandant de gendarmerie Lartigues, je reçus du général Bressolles l'ordre suivant :

« Rendez Autun redoutable, et inspirez-vous pour la dé- » fense de Chagny, Châlons et Tournus, des lignes de crêtes » indiquées au génie. »

Je tombai à Autun en pleine orgie garibaldienne; Ricciotti arrosant ce soir-là, à l'hôtel de la Poste, — où j'étais descendu, — en compagnie de nombreux officiers et de femmes perdues, tous en état d'ivresse et chantant les chansons les plus obscènes, son ruban de la Légion d'honneur! — ce soir là, et dans le moment même où la cour martiale créée par Garibaldi condamnait à mort le colonel Chenet de la légion d'Orient, que le magnanime général graciait de la vie, pour le faire dégrader le lendemain, en présence de ses bandes cosmopolites, et l'envoyer au bagne de Toulon!.....

Je n'ai point l'intention de m'étendre ici sur les faits ignobles commis par les soldats garibaldiens, dont les renseignements m'étaient donnés par les bouches les plus autorisées; je ne parlerai pas de l'infâme attentat perpétré sur la personne même de Mgr l'évêque d'Autun, auquel je m'empressai de rendre hommage; mais je dois mentionner qu'après avoir été demander justice au général Garibaldi en faveur de M. Vossier, ingénieur des ponts et chaussées à Autun, qu'un de ses officiers, le major Sartorio, ivre depuis la veille, avait insulté, en ma présence, de la façon la plus grossière, je reçus de Garibaldi, qui m'interrogea sur mes travaux de reconnaissance et mes projets de défense, les éloges les plus pompeux et les plus enthousiastes.

Quel fut donc mon étonnement, peu de jours après ma rentrée à Mâcon, de recevoir le télégramme suivant :

« Général, on se plaint de difficultés que vous feriez naître et qui
» seraient de nature à gêner les opérations du général Garibaldi et
» propres à le décourager. Tenez-vous pour averti, dans vos rap-
» ports avec le général Garibaldi, que nous ferons tout notre pos-
» sible pour lui être agréable et favoriser la mission dont il a bien
» voulu se charger.

» Pour le ministre de la guerre :

» *Le Délégué*, DE FREYCINET. »

Profondément indigné de cette dénonciation anonyme, j'écrivis au général Garibaldi, en lui envoyant copie du télégramme ci-dessus, et le sommant, au nom de l'honneur, de me répondre par oui ou par non si, après notre entrevue qui avait eu pour témoins MM. Gilles, chef de bataillon du génie, et Vossier, ingénieur des ponts et chaussées, entrevue pendant laquelle il n'avait pas trouvé assez d'éloges pour me féliciter, c'était lui qui m'avait si odieusement dénoncé.

La lettre lui fut remise, en mains propres, par un maréchal-des-logis de gendarmerie, et est restée sans réponse.

Depuis lors je ne cessai de me préoccuper des moyens de défendre efficacement le département, et tous mes efforts furent paralysés par le mauvais vouloir du préfet Morin.

C'est en vain, sur mon honneur, que j'ai cherché et que je cherche encore les motifs de la haine que M. Morin avait conçue contre moi et qu'il n'a cessé de manifester publiquement. Il me traitait, en plein café, de *sacristin*, sans doute parce que je vais à la messe, et à cause surtout de ma proclamation aux habitants de Saône-et-Loire, dans laquelle, après un chaleureux appel aux hommes de tous les partis pour les inviter à concourir avec moi à la défense nationale, j'ajoutais que la devise sous laquelle nous devions tous combattre devait être : *Dieu, Patrie et Liberté.*

Et cependant cette proclamation, — que je joins à ce rapport pour qu'on puisse juger si, comme le prétendait M. Morin, c'était l'œuvre d'un réactionnaire, — m'avait attiré, ainsi que je puis le prouver par les nombreuses lettres que j'ai reçues de tous les points du département, la sympathie des honnêtes gens.

Je ne crois pas avoir besoin de m'étendre plus longuement sur la conduite inqualifiable du préfet de Saône-et-Loire envers l'autorité militaire; à laquelle, vu l'état de guerre, les pouvoirs les plus considérables étaient régulièrement conférés par la Délégation du Gouvernement de la défense nationale; conduite qui excitait l'indignation des gens de bien, et qu'il poussa jusqu'au point de ne pas me répondre, ni même de me rendre mon salut un soir d'incendie où je crus devoir m'approcher de lui, devant un grand nombre de personnes, pour le prévenir que je venais de donner l'ordre de faire accourir tous les hommes disponibles d'un bataillon de mobiles sur le lieu du sinistre. Mais je dois mentionner un fait qui a causé un véritable scandale à Mâcon et a mis au comble l'exaspération de M. Morin contre moi.

Voici ce fait tel qu'il s'est passé :

Le général Franzini, commandant supérieur des légions mobilisées de la Haute-Savoie, que le général Pélissier m'avait télégraphié de faire arrêter partout où on le rencontrerait dans les deux départements que je commandais, comme accusé d'avoir abandonné son poste devant l'ennemi, l'ayant été à Dijon, fut conduit à Lyon au général Crouzat, commandant alors la 8e division militaire, sous la responsabilité d'un chef de bataillon et d'un capitaine. L'officier supérieur était porteur d'un ordre de route et d'un pli cacheté contre-signé « Gal Pélissier », à l'adresse du général Crouzat à Lyon.

Arrivé à la gare de Mâcon, le train est arrêté par M. le Secrétaire particulier de M. Morin, qui avait été prévenu — on ne sait par qui — du passage du général Franzini. Ce secrétaire se prétend porteur d'un ordre verbal du préfet, en vertu duquel le chef de bataillon doit lui livrer son prisonnier. Refus, bien naturel, de l'officier supérieur, et défense faite par le secrétaire au chef de gare de laisser partir le train. Cet agent m'envoie prévenir de ce qui se passe par son sous-chef à la subdivision. Je trouve cela tellement incroyable que je me borne à faire dire au chef de bataillon qu'il est militaire, qu'il a reçu une consigne, et que c'est à lui à voir s'il doit l'exécuter; que, quant à moi, j'hésite si peu à le reconnaître dans son droit en refusant de livrer son prisonnier à toute autre personne qu'au général Crouzat, que si c'était moi qui lui en avais donné l'ordre et qu'il ne l'eût pas exécuté, je le ferais traduire devant une cour martiale.

Je croyais tout terminé, lorsque arrive à la subdivision le chef de bataillon lui-même, pâle, fort ému, m'annonçant que le secrétaire du préfet a fait venir un commissaire de police qui, après avoir ceint son écharpe, a requis la force armée pour se faire livrer le prisonnier.

Ne pouvant me rendre compte de cette incroyable prétention de la part du préfet de se faire livrer un général déjà arrêté, je cours à la gare, où je vois, en effet, M. le Secrétaire, appelé Thirode, qui s'avance vers moi d'un air hautain et me répète les ordres qu'il a reçus de son chef. Je lui déclare net que je ne le connais pas; il s'emporte, me répond avec violence qu'il ne me connaît pas davantage, — bien que je fusse en uniforme, — et, passant entre le wagon et moi, il s'écrie : « Et d'ailleurs, je suis ici autant qu'un général ! » J'avoue qu'à cette insulte de la part d'un homme notoirement taré dans Mâcon, je ne suis pas maître de mon indignation, et que je m'écrie à mon tour : « Eh bien ! puis- » que vous parlez d'un général, c'est que vous me recon- » naissez, et vous êtes un misérable ; allez-vous-en !... » Puis je donne l'ordre au chef de gare de faire partir le train qui stationnait depuis près d'une heure et demie, voulant faire cesser au plus tôt le scandale qui se produisait en présence d'une foule considérable qui avait envahi la voie et de nombreux prisonniers prussiens, dont vingt-deux offi- ciers, lesquels assistaient, en riant, la tête aux portières, à ce déplorable conflit.

Le train venait de se mettre en marche, lorsque M. le Préfet arrive sur la voie, en compagnie d'un conseiller de préfecture, nommé Robert Hyenne, ancien rédacteur de la *Marseillaise*, qui ne cessait de vociférer : « Partons pour » Bordeaux ! Allons *le* dénoncer à Bordeaux !... »

M. Morin s'approche de moi et me crie que je commets un abus de pouvoir, que je brave son autorité, etc... Je me suis borné à lui répondre, avec un calme qui l'exaspérait davantage, que c'était lui qui commettait, au contraire, un bien étrange abus de pouvoir; que je faisais exécuter un ordre émanant de l'autorité militaire, et que j'allais immédiatement rendre compte de ma conduite à mon chef direct, le général Crouzat. Je dois ajouter que ce général m'a complètement approuvé.

Mais si je reçus l'entière approbation du général commandant la 8e division militaire, il n'en fut pas de même du ministre de la guerre, dont, ensuite de la dénonciation du préfet Morin, je reçus, deux jours après, le télégramme suivant au retour d'une excursion à Cluny, où, sous une pluie battante, j'étais allé aviser à l'installation de nouvelles ambulances pour nos blessés :

« Venez immédiatemènt à Bordeaux rendre compte de votre
» conduite au ministre. — *Signé* DE FREYCINET. »

Comme j'étais à peine convalescent de la petite vérole contractée pendant mes nombreuses visites aux divers hôpitaux et ambulances du département, l'excursion à Cluny me fit contracter une laryngite aiguë avec fièvre, et le docteur Jambon, qui me donnait des soins et se trouvait près de moi au moment où je reçus ce télégramme, attesta, dans la réponse que je fis au ministre, que tout voyage m'était interdit pour le moment.

Dans la nuit suivante, je reçus ce nouveau télégramme de Bordeaux :

« Puisque vous êtes malade, *je suspens* votre commandement;
» vous confierez immédiatement l'*intérim* à un officier supérieur
» dont vous me désignerez le nom, et, dès que vous serez guéri,
» vous voudrez bien partir pour Bordeaux. — DE FREYCINET. »

J'attendis à peine ma guérison, et j'arrivai à Bordeaux le 4 février. A dix heures je me présentais à M. de Freycinet, qui me dit que c'était le ministre Gambetta qui m'avait fait demander, et me donna une lettre pour lui. Malgré cette lettre, ou peut-être à cause de cette lettre, je reçus, le 4 et le 5, *six* rendez-vous de M. Gambetta, par l'intermédiaire d'un secrétaire, sans pouvoir parvenir jusqu'à lui. La dernière fois, ce même secrétaire me dit qu'il fallait retourner près de M. de Freycinet, qui avait reçu du ministre des instructions à mon égard.

En effet, M. de Freycinet, que je vis le 5 au soir, m'annonça qu'il avait l'ordre de me renvoyer à mon poste à Mâcon.

Je protestai énergiquement; j'expliquai à M. de Freycinet que ma position envers M. Morin à Mâcon était insoutenable, que je voulais qu'on optât entre lui et moi, et je demandai, à plusieurs reprises, ma révocation plutôt que d'être exposé de nouveau à des conflits aussi déplorables que ceux que je venais d'exposer.

— Non, général, me répondit invariablement M. de Freycinet, on ne veut pas vous révoquer; et quant à M. Morin, vous devez bien comprendre qu'on a besoin du préfet au moment des élections.

Malgré de nouvelles protestations, rompu depuis plus de quarante-trois ans à l'obéissance, je dus m'incliner devant l'ordre suivant :

« Monsieur le général Pradier, après avoir accompli *sa mission*
» à Bordeaux, devra retourner *à son poste* à Mâcon, où il attendra
» les ordres du ministre.

» Bordeaux, le 5 février 1871.

» Pour le ministre :

» Le Délégué de la Guerre,

» DE FREYCINET. »

Or, quel était mon poste à Mâcon, sinon celui de général commandant la subdivision? J'étais donc bien rétabli dans mon commandement, et la *suspension* momentanée qui m'avait été signifiée, *pour cause de maladie*, ne pouvait donner le droit à M. le Préfet de Saône-et-Loire de déclarer et de faire insérer dans les journaux, — comme il l'a fait, — que je ne commandais plus le département.

Dans quel but cette déclaration?

C'est ici que se place un fait qui s'est passé à Mâcon pendant mon séjour à Bordeaux, et qui, à mon sens, est de nature à jeter du jour sur la pensée qui a présidé à mon appel à Bordeaux et, par conséquent, à mon éloignement de Mâcon au moment des élections.

Divers comités électoraux de Saône-et-Loire m'ayant fait l'insigne honneur, à mon insu, de me porter candidat à l'Assemblée nationale sur une liste de l'ordre patronnée par eux, mon nom y fut inscrit avec ma qualification de commandant militaire du département.

M. le préfet Morin interdit la circulation de ces listes, et le fit signifier, le dimanche 5 février, au *Journal de Mâcon*. 35,000 bulletins déjà imprimés ne purent être expédiés, le tirage des autres fut arrêté et ne put être repris que le lundi, fort tard, après la réception du télégramme dont je vais parler.

En présence du refus de M. Morin de laisser circuler les bulletins électoraux portant ma qualification, M. de Champvans, fondateur, propriétaire et rédacteur principal du *Journal de Mâcon*, qui soutient, depuis près de *cinq ans*, avec autant d'intelligence que de courage, les vrais principes d'ordre, de religion et de monarchie, télégraphia à M. Jules Simon, dont il me savait le compatriote et l'allié, — son frère ayant épousé une de mes belles-sœurs, — pour l'informer du fait.

J'étais chez M. Jules Simon au moment de l'arrivée du télégramme, et, après avoir été mis au courant par moi de ma situation à Mâcon, il engagea M. Glais-Bizoin, qui était présent, à télégraphier de suite à son ami Morin qu'il eût à laisser circuler librement les bulletins électoraux portant une qualification qui m'appartenait bien réellement, puisqu'il avait en main l'ordre du ministre de retourner à mon poste, que je venais de lui remettre.

Je me rendis donc au télégraphe avec M. Glais-Bizoin; et comme, après avoir écrit et signé comme membre du gouvernement, il me dit naïvement : « Et si Morin mettait cela dans sa poche! » surpris de la confiance qu'un membre du gouvernement avait dans un préfet de leur république, je le priai de contresigner un autre télégramme que j'adressais à M. de Champvans, dans lequel, après lui avoir donné connaissance de celui adressé par M. Glais-Bizoin au préfet Morin, je lui disais d'agir en toute sûreté.

Les bulletins n'en furent pas moins retenus à la poste, ainsi que le *Journal de Mâcon*, jusqu'au mercredi 8, et ne purent être distribués en temps utile.

Le lendemain, 6 février, Gambetta perdait ses pouvoirs, et cependant télégraphiait, ou faisait télégraphier, — je n'ai pu savoir la vérité, ni de M. de Freycinet, qui s'est révolté quand je l'ai accusé de m'avoir renvoyé à Mâcon pour m'y faire tomber dans un guet-apens, et qui nie toute participation à ce télégramme, ni du ministère de l'intérieur, qui a nié également, — enfin *on* télégraphia, *sans signature*, au préfet Morin, que je ne commandais plus le département.

Ce télégramme est-il vrai, est-il faux? Voilà ce qu'il sera bien difficile de débrouiller au milieu de ce tissu de mensonges; mais ne peut-on pas conclure de mon ordre de renvoi à Mâcon et de l'acte inqualifiable du préfet de Saône-et-Loire qui s'en est suivi, que tout cela entrait dans le même plan d'intimidation préparé par Gambetta pour empêcher les élections?

M. Morin, — ainsi que le fait observer fort judicieusement le *Journal de Mâcon* du 10 février, — pour mieux préparer le complot, avait gardé secrète la dépêche qui annonçait la démission de Gambetta et la nomination de M. Emmanuel Arago aux ministères de l'intérieur et de la guerre. Il comptait évidemment sur la présence de Garibaldi et de ses bandes cosmopolites dans le département de Saône-et-Loire, que la réunion d'une Assemblée, destinée à préparer la paix, frappait au cœur, et il a tout fait, d'abord pour empêcher les élections, et ensuite pour assurer la nomination du triste héros de la république universelle! Mais il avait à craindre une énergique opposition de ma part à toute tentative de désordre.

Toujours est-il que j'arrivai à Mâcon le 7 février, à dix heures et demie du soir, où quelques amis m'attendaient à la gare, et où je constatai la présence du secrétaire général de la préfecture et de plusieurs de ses affidés.

Je fus, dès ce moment, prévenu que le préfet voulait me faire arrêter, et, le lendemain, dans la matinée, pareil avertissement me fut donné par plusieurs personnes. Mais je regardais cela comme des forfanteries, ne pouvant pas imaginer que le préfet d'un département fût assez audacieux ou même assez insensé pour attenter à la liberté d'un homme représentant la plus haute autorité militaire dans un département en état de guerre.

Cependant, le lendemain 8, jour du vote, on vint me prévenir que le préfet avait fait afficher à la porte même de l'Hôtel-de-Ville, dont j'occupais le second étage, un télégramme de Bordeaux, sans autre signature que celle de *Morin,* annonçant que je ne commandais plus le département de Saône-et-Loire.

Regardant cette mesure comme une misérable manœuvre électorale, je dis, dans mes bureaux, devant tous les employés, que je prétendais détruire l'effet de cette affiche, et j'ordonnai à un de mes secrétaires, le caporal Charton, de s'assurer de son contenu et de la place qu'elle occupait, voulant faire apposer à côté une copie de l'ordre du ministre qui me renvoyait à mon poste, copie que je préparai moi-même.

Le caporal, un peu myope, s'approcha fort près pour lire l'affiche manuscrite, et leva les mains pour se faire un abat-jour. Il fut immédiatement bousculé et poursuivi par des gardes nationaux appostés là tout exprès, et accusé d'avoir voulu, par mon ordre, arracher *des affiches républicaines,* accusation qui fut colportée dans la foule des électeurs qui se pressaient pour déposer leur vote.

Voulant éviter tout conflit, je ne protestai pas, et, vers deux heures, je me rendis en voiture à la gare, à la recherche d'une malle qui avait fait fausse route.

J'y étais à peine depuis un quart d'heure et me trouvais sur la voie, causant avec M. le baron de Roujoux, ancien inspecteur de la marine, qui venait de me reconnaître, lorsque je me sentis frapper l'épaule et me trouvai, en me retournant, en présence d'un lieutenant des *Enfants perdus de Paris,* corps franc appartenant à l'armée de Garibaldi, qui avait été désarmé la veille pour cause d'indiscipline, mais n'était pas encore licencié.

Ce lieutenant s'écria qu'il venait m'arrêter, et, au même instant, une tourbe nombreuse de soldats du même corps fit irruption par toutes les issues, en hurlant : « Arrêtons ce misérable !... »

Je remarquai un individu en bourgeois qui leur donnait des ordres et me signifia que j'étais arrê par ordre du préfet. Je lui demandai l'exhibition de s ma et, sans me répondre, il se livra à de véritabl vociférati en excitant contre moi les misérables dor il était accompagné.

Je crus entendre, dans la foule, qu' l'appelait Chenel, conseiller de préfecture, et c'est ce a causé l'erreur de ma première plainte, dans laquelle disais que j'avais été arrêté, sur l'ordre du préfet, par individu qu'on avait dit s'appeler Chesnel. Mais il a été rouvé, depuis, que c'était un sieur Orléat, employé du émin de fer, capitaine de la garde nationale de Mâcon et milier de la préfecture, pui qu'il accompagnait M. Morin dans mes bureaux le soir même de mon arrestation.

Je me dirigeai vers le poste de la gare, voulant y pénétrer pour me mettre sous la protection de la force publique; mais je ne pus y entrer, la foule immonde des misérables qui m'avaient suivi, en s'excitant les uns les autres, se précipitant sur moi comme une véritable meute altérée de sang !...

Que se passa-t-il alors pendant quelques minutes ? — C'est ce dont il me serait impossible de rendre compte, au milieu des atroces sévices dont j'étais l'objet !... Je fus renversé, foulé, meurtri, presque étranglé, un doigt de la main droite écrasé, les jambes couvertes de plaies, et enfin enlevé et conduit, ou plutôt poussé par cette tourbe en délire, qui ne cessait de m'accabler des plus odieux outrages et me criait : « Ta tête va tomber, canaille !... Tu as volé ta rosette, misérable ! suppôt de l'empire ! Mais laisse faire, canaille, ta tête et bien d'autres tomberont ! » etc., etc.

C'est ainsi que j'arrivai en face de l'Hôtel-de-Ville; et comme je redoutais d'être jeté à la Saône, dont j'avais entendu prononcer le mot derrière moi, me dégageant, par un violent effort, des mains de deux hommes qui me tenaient les bras, je me précipitai, tête baissée, dans le flot des électeurs et des gardes nationaux, qui s'ouvrit sous ma pression et se referma après mon passage. J'étais sauvé !...

Le préfet, — sous le prétexte, a-t-il prétendu, de me mettre à l'abri de nouvelles attaques, — fit maintenir mon arrestation, en ordonnant de placer de nombreux factionnaires dans l'escalier et jusque dans l'antichambre. C'est aussi sans doute par humanité qu'il fit arrêter avec moi deux capitaines du génie, MM. Thoyot et Le Dru, qui, se trouvant accidentellement à la gare, s'étaient très-courageusement portés à mon secours, et avaient été bousculés, meurtris, arrêtés, et enfin maintenus comme moi *au secret*. M. Morin voulut même pas permettre de laisser passer un télé-

gramme que j'adressais à M. Jules Simon, et qui était ainsi
conçu :

« Vous avez vu l'ordre du ministre qui me renvoie à mon poste à
» Mâcon. Cependant, je suis arrêté ! Suis-je, oui ou non, comman-
» dant militaire de Saône-et-Loire ?   » C. PRADIER. »

M. Morin se présenta, à la nuit, dans mes bureaux, et me
fit dire d'aller lui parler. Je lui fis répondre que j'étais dans
mon cabinet, et que, s'il avait des explications à me donner,
je lui permettrais d'arriver jusqu'à moi. Il refusa ! Il était
accompagné de trois personnes, parmi lesquelles se trouvait
le sieur Orléat, qui, sur son ordre, m'avait fait arrêter à la
gare.

Entre sept heures et demie et huit heures, le préfet me fit
annoncer que j'étais libre, et eut l'impudence *de m'offrir
son bras* pour me faire sortir sans encombre de l'hôtel de
la subdivision. J'envoyai M. Thoyot répondre que c'était
la dernière insulte qu'il pouvait me faire, que je ne lui re-
connaissais pas plus le droit de me mettre en liberté que celui de me faire arrêter, et que je resterais à mon poste jusqu'à la réception des ordres du ministre.

Le 10 au matin *seulement,* je reçus l'ordre, toujours
signé *Freycinet, et daté du 6 février,* qui me faisait quitter
le commandement des départements de Saône-et-Loire et de
l'Ain, en me renvoyant à la disposition du ministre de la
marine.

Bien que je ne reconnusse, en aucune façon, au ministre
Gambetta ou à ses subordonnés le droit de révoquer un officier général, après l'infâme arrestation dont il avait été
l'objet, sans qu'un conseil de guerre le frappât d'indignité,
— habitué, depuis plus de quarante-trois ans d'honorables
services, à la discipline, je n'hésitai pas à dépouiller les in-
signes du grade qui m'avait été conféré, et dont cependant
je me sentais toujours digne....

Et maintenant que j'ai donné, — un peu longuement peut-être, — les principaux détails de ma situation à Mâcon, en présence de Garibaldi et de M. Morin, je demanderai à tout homme de bonne foi si ma position peut être identique à celle de mes camarades qui ont été, comme moi, détaché de la marine au service de la guerre ?

Certes, comme tous les officiers de la marine, — dont l'honneur est sauf dans cette guerre désastreuse, où chacun a donné l'exemple du courage et de la discipline, — lorsque j'ai vu notre armée de Sedan et celle de Metz prisonnières, j'ai compris que la privation de presque tous nos généraux laissait la nouvelle armée improvisée sans direction, et je n'ai pas hésité à demander avec instance à être employé activement à la défense nationale, et à quitter la position de major de la flotte que j'occupais à Lorient, au milieu de ma famille et de mes intérêts.

J'espérais, — et je l'avais spécifié dans des lettres écrites au général de Loverdo, à Tours, les 25 octobre et 11 novembre 1870, — que je serais employé, dans mon grade, à la défense d'Orléans, du Mans, du Havre, partout enfin où on jugerait mon concours utile. J'étais donc bien loin de m'attendre au commandement des deux départements de Saône-et-Loire et de l'Ain. Mais le premier de ces départements étant déjà envahi, je ne pouvais pas balancer à accepter ce poste.

Le grade que j'ai eu alors, à titre provisoire, j'ose donc le réclamer aujourd'hui à titre définitif, comme contre-amiral, du gouvernement actuel. Je le réclame comme une juste réparation des outrages et des sévices dont j'ai été l'objet de la part des agents de l'administration de Gambetta, et aux conséquences desquels j'ai providentiellement échappé. Je le réclame encore au nom du principe d'autorité, dont un gouvernement réparateur doit être jaloux de rétablir le prestige, seule force d'un État.

Je ne suis pour rien, je le jure, dans le retentissement qui a été donné par les journaux à mon arrestation; mais l'opinion publique s'est émue, et que veut-on que pensent des populations qui ont été spectatrices d'un attentat aussi infâme et ne voient point à côté la réparation éclatante!

Je suis jeune de grade, dira-t-on? C'est que je n'ai rien demandé à l'Empire, et que, capitaine de frégate en 1854, il a fallu toute l'insistance de mes chefs pour me faire franchir le grade de capitaine de vaisseau en 1867. J'ai cinquante-neuf ans, plus de quarante-trois ans de services, vingt-huit ans de mer, et il n'y a pas, il me semble, grande outrecuidance de ma part à demander au Gouvernement actuel un grade que j'aurais pu obtenir, sous un autre régime, avec une souplesse qui n'est ni dans mon caractère ni dans mes principes.

Je ne terminerai pas ce rapport, que je veux faire passer sous les yeux des commissions de la Guerre et de l'Intérieur, sans faire remarquer que, porté candidat à l'Assemblée nationale par des comités électoraux de Saône-et-Loire, rien ne m'eût été plus facile que de formuler, avec chance de succès, une protestation tendant à faire annuler les élections de ce département. Mais je me suis abstenu, en présence du résultat obtenu, quoiqu'il ne donnât pas entière satisfaction à mes opinions politiques. Je me suis dit qu'en face des trop graves préoccupations politiques du moment, toutes les questions personnelles devaient s'incliner devant l'intérêt général.

Bordeaux, le 3 mars 1871.

C. PRADIER,

Capitaine de vaisseau, ex-commandant des départements de Saône-et-Loire et de l'Ain.

PIÈCES A L'APPUI DU RAPPORT

I

RÉPUBLIQUE FRANÇAISE

8ᵉ DIVISION MILITAIRE. — 3ᵉ SUBDIVISION (Saône-et-Loire).

ARRÊTÉ

Le Général commandant la 3ᵉ subdivision militaire (Saône-et-Loire);

En vertu des pouvoirs qui lui ont été conférés, à la date du 25 novembre dernier, par le Gouvernement de la défense nationale;

Vu le décret sur l'*état de guerre*, rendu le 14 octobre par le Gouvernement de la défense nationale résidant à Tours;

Vu l'arrêté de M. le Préfet du Rhône, commissaire extraordinaire de la République, en date du 31 octobre 1870, déclarant le département de Saône-et-Loire en état de guerre;

Considérant qu'il importe d'organiser la défense locale et de donner un point d'appui à l'action des armées actives, pour les mettre en état de résister à l'ennemi;

Considérant que l'approche de l'ennemi commande de prendre, sans aucun délai, les mesures nécessaires pour retarder sa marche et pour resserrer, dans tous les corps armés, la discipline, sans laquelle il n'y a point de victoire à espérer;

ARRÊTE :

Le comité militaire de Saône-et-Loire est constitué.

Tous les comités de défense départementale et ceux communaux sont supprimés, à partir de ce jour.

Ils peuvent se constituer en commission administrative, mais ne devront sous aucun prétexte s'occuper des opérations militaires.

Mâcon, le 5 décembre 1870.

Le Général commandant la subdivision,

C. PRADIER.

22

Extrait du décret sur l'état de guerre.

ARTICLE 1ᵉʳ. — Tout département dont la frontière se trouve, par un point quelconque, à une distance de moins de cent kilomètres de l'ennemi, est déclaré *en état de guerre*.

ART. 2. — L'état de guerre entraîne les conséquences suivantes :

Le chef militaire du département convoque, toute affaire cessante, un comité militaire de cinq membres au moins et neuf au plus.

Le comité, après avoir visité, s'il y a lieu, le terrain, désigne dans les quarante-huit heures, à partir de la déclaration d'état de guerre, les points qui lui paraissent le plus favorablement situés pour disputer le passage à l'ennemi.

Ces points sont immédiatement fortifiés à l'aide de travaux en terre, d'abattis d'arbres et autres moyens d'un emploi rapide et peu dispendieux. Ces fortifications prendront, selon le cas, le caractère d'un camp retranché pouvant contenir tout ou partie des forces disponibles du département, et recevront, s'il y a lieu, de l'artillerie. Chacune des voies par lesquelles l'ennemi est supposé pouvoir avancer recevra au moins un système de défense semblable, dans les limites du département. Il ne sera fait exception que lorsque la voie sera déjà commandée dans le département par une place fortifiée.

ART. 3. — Le comité militaire ou les membres délégués par lui auront droit de réquisition directe sur les personnes et les choses pour procéder à l'établissement des travaux susmentionnés. Ils payeront les dépenses à l'aide de bons délivrés par eux et qui seront acquittés sur les fonds du département ou des communes, ainsi qu'il sera dit plus loin.

ART. 6. — Tant que dure l'état de guerre d'un département, les gardes nationaux convoqués à la défense sont placés sous le régime des lois militaires ; s'ils manquent à l'appel ou s'ils n'accomplissent pas leurs devoirs de soldat, ils sont passibles des peines prévues par le code de l'armée.

A défaut d'uniforme, les gardes nationaux convoqués doivent porter le képi, afin de constater leur qualité militaire.

Ils doivent, au moyen de bons qui leur seront remis par les soins du comité militaire, se pourvoir de vivres pour trois jours, sans préjudice des approvisionnements de tous genres que le comité militaire aura pu réunir directement sur les lieux.

ART. 7. — Les bons délivrés par le comité militaire seront reçus, comme espèces, dans les caisses publiques, et acquittés au moyen d'un emprunt contracté, au nom du département, par le conseil général, et, si le conseil général a été dissous, par une commission départementale nommée par le préfet.

ART. 9. — Les chefs militaires des départements sont rendus personnellement responsables de l'organisation de la défense et de la résistance à opposer à l'ennemi.

Fait à Tours, le 14 octobre 1870.

Le Membre du Gouvernement, Ministre de l'Intérieur et de la Guerre,

LÉON GAMBETTA.

Par le Ministre :

Le Délégué du Ministre au département de la Guerre,

C. DE FREYCINET.

II

PROCLAMATION

Habitants de Saône-et-Loire,

Investi, par le Gouvernement de la défense nationale, du commandement militaire des départements de Saône-et-Loire et de l'Ain, j'arrive au milieu de vous avec une seule pensée, une préoccupation unique : le salut de la France.

Je suis Breton et marin ; je ne sais pas faire de phrases, mais je demande à Dieu de m'inspirer des paroles propres à vous inoculer la fièvre, la rage du patriotisme dont je me sens animé en présence du danger de la patrie.

Je vous demanderai d'abord, en m'adressant à votre cœur : Que feriez-vous si votre mère était frappée, déchirée, mise en lambeaux sous vos yeux ?... Vous la défendriez au prix de votre vie, n'est-ce pas ?... Eh bien ! c'est notre mère à tous, cette pauvre France que vous voyez humiliée, meurtrie par d'ignobles barbares et au secours de laquelle nous devons tous voler avec le même élan fraternel, en criant du fond de notre cœur : La sauver ou mourir !

Après l'infâme trahison du pouvoir impérial, un Gouvernement de la défense nationale s'est improvisé pour le salut du pays. Il a pris la forme républicaine ; c'est notre devoir à tous de nous grouper autour de ce Gouvernement national et de lui offrir notre concours loyal et patriotique.

Donc, pas de dissensions politiques, pas de discordes civiles ; regardez-vous loyalement en face, reconnaissez-vous comme les enfants d'une même mère ; comptez-vous alors : vous verrez combien vous êtes nombreux, sans le savoir, et vous n'aurez plus ni haine ni prévention contre tous ceux qui demandent à mourir pour la France, à quelque opinion qu'ils aient appartenu.

L'heure des hésitations, des défaillances est passée ; nous avons été vaincus, nous le serions encore si nous nous endormions dans cette pensée égoïste, énervante, que l'ennemi ne viendra pas jusqu'à nous !...... Mais il est à nos portes ; il a besoin pour vivre de votre splendide et riche vallée de la Saône ; il viendra s'il compte sur votre faiblesse ; mais il reculera, soyez-en sûrs, s'il sait avoir à lutter contre une population fermement décidée à mourir pour défendre tout ce qu'il y a de plus saint ici-bas : le sol sacré de la patrie et la famille.

Debout donc, habitants de Saône-et-Loire! levez-vous tous comme un seul homme pour opposer, par tous les moyens possibles, une digue à l'invasion des barbares.

L'ennemi ne compte que sur notre faiblesse et notre désunion ; soyons forts et unis, inspirez-vous du saint exemple que vous donne l'armée de Paris, et vous chasserez honteusement les misérables qui ont cru la France assez énervée pour courber la tête sous le joug de l'esclavage. DIEU, PATRIE, LIBERTÉ, voilà la noble devise que nous devons tous adopter !

Habitants de Saône-et-Loire, encore un mot, et j'ai fini : Je ne sais ce que la Providence nous réserve; je ne sais si l'ennemi, malgré tous vos efforts patriotiques, ne réussira pas à envahir la vallée de la Saône ; mais je vous dirai encore : Courage, confiance ! Un comité militaire a été immédiatement créé par moi ; il fonctionne ; il s'occupe de vos plus chers intérêts ; il ne vous demande pour le seconder que toute votre énergie. Un peuple qui combat pour son pays, un peuple enflammé par l'amour de la sainte liberté est invincible ; et alors, je vous en fais le serment, si, comme je l'espère, vous êtes noblement résolus à mourir pour défendre vos foyers, vous me verriez toujours au premier rang, car je suis jaloux de la gloire que récoltent ailleurs nos marins, et, sans être un plagiaire, je vous répéterai les nobles et sublimes paroles de Larochejaquelein, passées dans notre Bretagne à l'état de devise légendaire :

Si j'avance, suivez-moi !

Si je recule, tuez-moi !

Si je meurs, vengez-moi !

Mâcon, 12 décembre 1870.

Le capitaine de vaisseau,

Général commandant la subdivision de Saône-et-Loire,

CÉSAR PRADIER.

III

Arrestation du général Pradier.

(Extrait du *Journal de Mâcon* du 10 février 1871.)

Les opérations électorales ont été troublées hier à Mâcon par un acte odieux.

Le général Pradier, arrivé la veille au soir de Bordeaux, avec ordre du ministre de *rentrer à son poste*, a été arrêté dans la gare de notre ville, où l'avaient appelé quelques affaires, par une tourbe composée en grande partie de la compagnie garibaldienne dissoute, des *Enfants perdus de Paris*, qui était menée par un M. Chesnel. Serait-ce le conseiller de préfecture?

Le général, s'adressant à M. Chesnel, qui criait : « Arrêtez-le! » lui demanda en vertu de quels ordres il agissait. Celui-ci répondit qu'il était envoyé par le préfet, et, s'emportant jusqu'aux derniers outrages, excitait la foule en déclarant que M. Pradier était révoqué de ses fonctions, et le traitait de misérable et de menteur. Le général, injurié, pressé, foulé, meurtri par cette populace brutale, fut entraîné à l'Hôtel-de-Ville et conduit dans ses appartements où des sentinelles, composées de gardes nationaux sédentaires et postées, dit-on, par le maire, l'ont gardé au secret pendant plusieurs heures et privé de toute communication avec ses officiers et les personnes de la ville accourues pour protester contre cet inique attentat.

Deux capitaines du génie, MM. Thoyot et Le Dru, présents à cette scène de violence et qui s'étaient jetés sur la foule pour délivrer le général, furent maltraités et enfermés comme lui à l'Hôtel-de-Ville.

Il serait faux d'attribuer aux passions populaires et à un mouvement d'effervescence cet infâme guet-apens. La population de Mâcon n'a point à rougir, même pour des concitoyens égarés, d'un acte pareil. Il ne faut voir dans cette scène que le contre-coup et les dernières convulsions de la dictature expirée de Gambetta, tressaillant encore là où se trouvent les éléments de désordre préparés de longue date pour organiser la guerre civile et proclamer la révolte contre le gouvernement de Paris et de la France.

M. le Préfet de Saône-et-Loire est l'agent responsable de cette coupable tentative, et n'a fait qu'accomplir le dernier vœu de Gambetta renversé, recommandant à ses préfets de présider aux élections dans l'intérêt suprême de la République.

M. Morin, pour mieux préparer le complot, a gardé secrète la dépêche qui annonçait la démission de Gambetta et la nomination de M. Emmanuel Arago aux ministères de l'intérieur et de la guerre. C'est dans le même but qu'il continuait d'afficher dans notre ville les décrets de la Délégation de Bordeaux sur les élections, et que le département, mis sous le séquestre, a ignoré jusqu'à la dernière heure les changements radicaux qui s'étaient opérés dans le Gouvernement.

Cet acte de révolte, de la part du préfet de Saône-et-Loire, est insensé. Il s'explique, toutefois, par la présence de Garibaldi et de ses miliciens dans notre département. La révolution cosmopolite et universelle se sent frappée au cœur par la réunion d'une Assemblée nationale chargée de préparer la paix. Il est impossible que le noyau d'armée rassemblé sous Garibaldi accepte sans frémir son licenciement, et que des tentatives de désordre ne cherchent pas à éclater ici ou là.

C'est l'honneur du général Pradier, dont le caractère militaire et la fermeté d'âme sont connus, d'avoir été exposé pendant plusieurs heures aux outrages de ces enfants perdus de la révolution pour avoir soutenu dans sa personne les droits de l'autorité militaire et la légalité.

Nos concitoyens ont admiré sa mâle et calme attitude au milieu d'une foule qui le poursuivait de ses vociférations; ils admireront encore plus sa prudence lorsque tous les détails de cette misérable scène leur seront connus.

Par un hasard singulier, une compagnie d'artilleurs de marine, égarée dans la troupe de Garibaldi, après avoir combattu dans l'armée de la Loire, se trouve à Mâcon, sous les ordres du commandant Wits.

Ces hommes avaient leurs canons chargés et rangés sur la promenade en face de l'Hôtel-de-Ville. Quand ils virent un marin — leur amiral l'appelaient-ils — entraîné, insulté par une populace grossière, le cœur de ces hommes bondit dans leurs poitrines ; le commandant accourut et consulta le général du regard ; ce regard disait tout. Les canonniers étaient à leurs pièces. Sur un geste du général, la troupe ardente obéissait. Un signe fut fait. Il donna l'ordre de ne pas bouger. La discipline militaire obtint des marins l'impassibilité, et le général, prisonnier, gardé au secret par quelques factionnaires — sans conscience, nous l'espérons, du rôle odieux qu'ils jouaient, — voyait de sa fenêtre des troupes dévouées se rongeant d'impatience et d'indignation, et ressentait cette immense consolation d'avoir empêché par sa ferme prudence l'effusion du sang français.

Tel est le triste épisode de la journée d'hier. Tous les détails en seront donnés au public. Notre accusation contre M. Morin sera justifiée par preuves, et la population, instruite des faits, reconnaîtra tout ce qu'elle peut attendre, dans les circonstances difficiles qu'elle traverse, du général qui lui donne tout à la fois l'exemple du patriotisme, du dévouement et de l'inflexible accomplissement de ses devoirs.

A huit heures du soir, M. Frédéric Morin fit lever les sentinelles et annoncer au général qu'il était libre. M. Pradier n'admet pas plus l'intervention du préfet pour l'élargir que pour l'arrêter, et attend les ordres du ministre de la guerre.

La population de Mâcon est indignée et demande réparation complète de l'attentat commis.

P. S. Une plainte vient d'être déposée au parquet de M. le Procureur de la République, à Mâcon, par MM. le général Pradier, le capitaine du génie Thoyot et Le Dru.

A demain la publication.

IV

PLAINTE

adressée par MM. Pradier, Thoyot et Le Dru,
à M. le Procureur de la République à Mâcon.

A M. le Procureur de la République près le Tribunal de Mâcon, MM. le général Pradier, commandant les 3e et 4e subdivisions de la 8e division militaire, Thoyot et Le Dru, capitaines du génie,

Exposent ce qui suit :

Le général Pradier, commandant les 3e et 4e subdivisions de la 8e division militaire, appelé à Bordeaux par un ordre ministériel et après avoir été suspendu de son commandement pour cause de maladie, a reçu du ministre de la guerre l'ordre suivant :

« Monsieur le général Pradier, après avoir accompli sa mission à » Bordeaux, est invité à rentrer à son poste à Mâcon, où il recevra » les ordres du ministre.

» Bordeaux, 5 février 1871.

> » *Le Délégué du Ministre de la guerre,*
>
> » Signé : FREYCINET. »

Hier, 8 février, le général Pradier s'étant rendu à la gare, vers 3 heures et demie, y a été arrêté par une tourbe d'Enfants perdus de Paris conduits par un meneur qu'on lui a désigné comme étant M. Chesnel, conseiller de préfecture.

Ce dernier a déclaré au général Pradier qu'il agissait en vertu d'ordres émanant de l'autorité préfectorale. Sur la demande de l'exhibition du mandat, faite par le général Pradier, le chef de la bande n'a pas répondu et s'est livré à de violentes vociférations, en excitant contre le général les misérables dont il était entouré. C'est un lieutenant de ces Enfants perdus de Paris qui a lui-même annoncé au général son arrestation. Le général Pradier s'est dirigé vers le poste de la gare composé de gardes mobiles, voulant y pénétrer pour se mettre sous la protection de la force publique. Il n'a pu y entrer, le factionnaire ayant croisé la baïonnette pour empêcher l'ouverture de la porte. C'est alors qu'il a été saisi, bousculé d'une manière aussi odieuse qu'infâme par une foule de ces Enfants perdus.

Le général Pradier, en uniforme, n'était point armé ; il ne pouvait opposer et n'a, en effet, opposé aucune résistance. Il n'en a pas moins été poussé brutalement par derrière et saisi par les deux bras : à sa gauche, un caporal, et à sa droite, un soldat des Enfants perdus. Tous n'ont cessé, pendant tout le trajet, d'insulter le général et de l'apostropher des épithètes les plus infâmes. Le caporal surtout, qui lui tenait le bras gauche, criait sans relâche : — « Il faut » en couper des têtes comme la tienne, canaille, misérable, suppôt » de l'empire ! Gredin, tu as volé ta rosette ! Mais laisse faire ; ta » tête et bien d'autres tomberont ! »

Vous remarquerez, M. le Procureur de la République, que ce fait a eu lieu le 8 février, pendant le vote, alors que le général Pradier était candidat et que la circulation des bulletins portant son nom avait déjà été indûment interdite par le préfet de Saône-et-Loire.

Deux capitaines du génie, MM. Thoyot et Le Dru, ont été saisis, bousculés, meurtris et définitivement arrêtés par cette même bande de misérables. M. le capitaine du génie Thoyot, ayant été relâché un moment par suite de l'intervention de quelques citoyens, a été bientôt après arrêté de nouveau sur l'ordre du prétendu M. Chesnel. Tous les trois ont été conduits à l'hôtel de la subdivision où le poste de la garde nationale a prêté main-forte pour maintenir l'arrestation du général et des deux capitaines.

M. le Préfet de Saône-et-Loire et M. le Maire de Mâcon ont maintenu ces trois arrestations, ont placé de nombreux factionnaires dans l'escalier de l'Hôtel-de-Ville et dans l'antichambre de la subdivision, et mis au secret MM. Pradier, Thoyot et Le Dru. M. le capitaine Le Dru, emmené par M. le Préfet sous prétexte de vérifier l'authenticité d'une dépêche, n'a pas reparu. M. Thoyot a pu sortir vers 8 heures et demie, et M. le général Pradier attend, à son poste, l'ordre du ministre de la guerre.

Les exposants portent ces faits à la connaissance de M. le Procureur de la République et le prient d'y donner telle suite que la loi comporte, et notamment de requérir contre leurs auteurs l'application des articles 176 et 311 du code pénal.

Mâcon, le 9 février 1871.

Signé : C. PRADIER, *général commandant les 3e et 4e subdivisions de la 8e division militaire.*

THOYOT, *capitaine du génie.*

LE DRU, *capitaine du génie.*

V

DÉCLARATION

de MM. de Murard, Arcelin et de La Brély.

(Extrait du *Journal de Mâcon*.)

Mâcon, le 11 février 1871.

Monsieur le Rédacteur,

Le *Journal de Mâcon* a publié un récit détaillé de l'arrestation de M. C. Pradier.

Puisque l'opinion publique, en attendant la décision des juges, est saisie de cette affaire, les témoins doivent être entendus. Un communiqué dément certains passages du récit du *Journal de Mâcon*. L'impartialité nous fait un devoir de dire hautement ce que nous savons, et notre conscience nous y oblige.

Nous venions de déposer nos votes dans la salle du scrutin, et nous circulions dans la foule qui se pressait à la porte de l'Hôtel-de-Ville ; on s'entretenait avec une certaine animation d'un conflit survenu entre M. C. Pradier, candidat à la députation, et M. le Préfet de Saône-et-Loire, lorsque, M. Frédéric Morin venant à passer, nous le priâmes de nous éclairer sur le débat, ajoutant qu'il importait aux électeurs de savoir la vérité.

« M. Pradier, nous répondit M. le Préfet de Saône-et-Loire, est un infâme menteur ; il n'y a que moi qui commande dans le département ! »

Puis, se tournant vers la foule nombreuse qui s'était groupée autour de nous, il ajouta :

« Avant deux heures je l'aurai fait arrêter ! »

M. Frédéric Morin continua à parler pendant cinq minutes environ, et lorsqu'il eut fini son allocution, quelques voix s'écrièrent : « A la gare ! allons l'arrêter ! » et des individus en petit nombre partirent au pas de course.

C'est alors que M. le premier conseiller municipal, paraissant à l'une des fenêtres de l'Hôtel-de-Ville, invita la foule au calme. M. le Préfet se retira, et le lieutenant du poste de la garde nationale intervint pour dissiper l'attroupement.

L'auteur du communiqué est donc dans l'erreur quand il dément les paroles de M. Frédéric Morin. M. le Préfet répondait à une question que nous avions eu l'honneur de lui poser ; il s'adressait à nous, et nous affirmons sur l'honneur l'exactitude absolue des détails que nous rapportons, que de nombreux témoins doivent connaître aussi bien que nous et que le *Journal de Mâcon* a reproduites. Cela est si vrai que, sur la déclaration de M. Frédéric Morin, nous avons annoncé à plusieurs personnes l'arrestation de M. Pradier par ordre du préfet avant qu'elle ait été accomplie. Entre un communiqué anonyme et notre affirmation, le public jugera à qui attribuer la responsabilité des regrettables incidents de la journée de mercredi.

Veuillez agréez, etc.

Henri de MURARD,
Eclaireur de la 2ᵉ légion mobilisée de Saône-et-Loire.

Adrien ARCELIN,
Ancien élève de l'Ecole des Chartes.

Auguste de LA BRELY,
Peintre.